BEI GRIN MACHT SICH IHR WISSEN BEZAHLT

Motivationale Grundhaltung der Steuerzahler. Qualitatives Interview, Inhaltsanalyse, Transkription

GRIN ☺

Bibliografische Information der Deutschen Nationalbibliothek:

Die Deutsche Nationalbibliothek verzeichnet diese Publikation in der Deutschen Nationalbibliografie; detaillierte bibliografische Daten sind im Internet über http://dnb.d-nb.de abrufbar.

ISBN: 9783346474292
Dieses Buch ist auch als E-Book erhältlich.

© GRIN Publishing GmbH
Nymphenburger Straße 86
80636 München

Druck und Bindung: Books on Demand GmbH, Norderstedt Germany
Gedruckt auf säurefreiem Papier aus verantwortungsvollen Quellen

Das vorliegende Werk wurde sorgfältig erarbeitet. Dennoch übernehmen Autoren und Verlag für die Richtigkeit von Angaben, Hinweisen, Links und Ratschlägen sowie eventuelle Druckfehler keine Haftung.

Das Buch bei GRIN: https://www.grin.com/document/1045407

Wissenschaftliches Arbeiten-

Vertiefung I

Einsendeaufgabe- *Alternative B*

Studiengang: Psychologie B.Sc.

Abgabedatum: 24.05.2021

Inhaltsverzeichnis

Abkürzungsverzeichnis

Abb.	Abbildung
bzw.	beziehungsweise
d.h.	das heißt
ggfls.	Gegebenenfalls
vgl.	vergleiche
z.B.	zum Beispiel

Abbildungsverzeichnis

1. Aufgabe B1- Operationalisierung des Konstrukts „Motivationale Grundhaltung von Steuerzahlern"

1.1 Vorgehensweise

Da in der Wissenschaft bereits entsprechendes Vorwissen über die Thematik besteht wurde bewusst das problemzentrierte Interview als Methode ausgewählt. Hierbei ist das problemzentriertes Interview als Methodenkombination aus Interview, biografischer Methode und Fallanalyse zu betrachten. Die Fragen werden demensprechend relativ offen gestellt, um so subjektive Sichtweisen oder Sinnkonstruktionen im Hinblick auf ein gesellschaftlich relevantes Thema bzw. Problem, in diesem Fall die motivationale Grundhaltung von Steuerzahlern, zu rekonstruieren. Das problemzentrierte Interview hat keinen rein explorativen Charakter, sondern erfolgt meistens theoriegeleitet.[1] Wie bei allen halbstandardisierten Interviewformen können auch bei den problemzentrierten Interviews Nachfragen gestellt werden, um so die Antworten zu präzisieren.

Hinsichtlich des Steuerverhaltens bzw. der motivationalen Grundhaltung von Steuerzahlern bestehen verschiedene Grundhaltungen, die bereits im Jahre 2003 von Braithware herausgearbeitet wurden. Ferner existieren Theorien, welche vor allem die Aspekte der Wahrscheinlichkeit einer Steuerprüfung, der drohenden Strafe sowie der Höhe des zu deklarierenden Einkommens und dem damit einhergehenden Steuersatz beachten. Diese Aspekte sind als Faktoren zu betrachten, welche die motivationale Grundhaltung von Steuerzahlern beeinflussen. Allerdings gilt es zu erwähnen, dass die empirischen Befunde nicht bei allen Aspekten eindeutig sind. So ist noch weitestgehend unklar, inwiefern und in welchem Maße das Einkommen und der damit einhergehende sozioökonomische Status eines Individuums Einfluss auf das Steuerverhalten hat. Allerdings gibt es Hinweise, dass mit steigendem Einkommen die motivationale Grundhaltung Steuern nach den bestehenden Vorgaben zu zahlen sinkt und folglich die Bereitschaft zur Steuerhinterziehung steigt.[2] Im Rahmen dieses Interviews soll also vor allem dieser Aspekt des Einkommens berücksichtigt werden. Dies heißt allerdings nicht, dass eine (klare) Hypothese diesbezüglich formuliert wird. Die befragten Personen sollen zu Beginn des Interviews einen Kurzfragebogen über

---

[1] Vgl. Buber, Holzmüller (2009), S.465
[2] Vgl. Mühlbacher, Zieser (2018), S.70-79

ihre biografische bzw. soziografische Daten ausfüllen, was neben dem Alter, dem Beruf und dem Familienstand auch das Einkommen beinhaltet. Es wird hierbei bewusst auf den Namen des Befragten verzichtet, um so die Anonymität zu sichern. Dennoch wird der jeweilige Befragte mit einer Nummer versehen. So wird eine gewisse Übersichtlichkeit und Struktur hergestellt. Der Kurzfragenbogen ist als elementarer Bestandteil des problemzentrierten Interviews zu betrachten. Um vielfältige Daten zu erheben und tatsächliche Vergleiche zwischen verschiedensten Personen zu ziehen ist es meistens notwendig, eine heterogene Gruppierung an Personen zu befragen. Diese sollten sich also in ihren biografischen bzw. soziografischen Daten unterscheiden. In diesem Kontext sind die flexible und die fixe Fallauswahl zu nennen. Beide stellen eine qualitative Fallauswahl dar, wobei im Rahmen der flexiblen Fallauswahl die Kriterien der Untersuchungseinheiten erst im Verlauf der Untersuchung erarbeitet werden, während bei der fixen Fallauswahl solche Kriterien gleich zu Beginn, d.h. also vor der Kontaktaufnahme, festgelegt werden.[3] Bevor der Befragte einen Kurzfragebogen mit den dargestellten Daten ausfüllt, findet zunächst eine Dankaussage für die Teilnahme statt. Dies schafft erste Verbindungen zwischen dem Interviewer und dem Interviewten und lockert bestenfalls die Gesprächssituation auf, sodass der Befragte folglich freier sprechen und die Fragen ausführlicher beantworten kann. Anschließend stellt sich der Interviewer vor und der Befragte wird über den Hintergrund der Befragung, also der motivationalen Grundhaltung von Steuerzahlern, aufgeklärt. In diesem Zusammenhang kann dem Befragten auch kurz mitgeteilt werden, dass die Daten anonym verarbeitet werden und dass keine Antwort falsch ist. So kann schon im Vorfeld Verzerrungen, wie etwa sozial erwünschten Antworten, etwas entgegen gewirkt werden. Da auch die Aufzeichnung und Speicherung des Gesagten innerhalb eines problemzentrierten Interviews ein wichtiges Element ist, muss das vor Beginn der eigentlichen Befragung, also dem Hauptteil des Interviews, mit dem Befragten abgeklärt werden. Bestenfalls sollte das bereits im Vorfeld, also gar vor der Einleitung bzw. Einführung der Befragung geschehen, um so Irritationen vor Ort zu vermeiden. Die Aufzeichnungen sollten dann transkribiert und anschließend analysiert werden.[4] Für die Analyse bzw. Auswertung des (problemzentrierten) Interviews ist eine Inhaltsanalyse besonders geeignet. Neben dem Kurzfragebogen und der Aufzeichnung sind auch der Leitfaden sowie ein

---

[3] Vgl. Reinhardt et. Al (2020), S.42
[4] Vgl. Misoch (2015), S.72

Protokoll bzw. Postscript als wichtige Elemente des problemzentrierten Interviews zu betrachten. Im Protokoll soll eine Grobskizze der Gesprächssituation samt möglichen Auffälligkeiten notiert werden.[5] Solche Auffälligkeiten können sich beispielsweise auf nonverbale Signale beziehen, die im Zusammenhang zu den Fragen stehen und für die Untersuchung relevant sein könnten.

Der Interviewleitfaden ist das Herzstück eines jenen halbstandardisierten Interviews. Hierbei soll der Interviewleitfaden zur Erhebung von relevanten Daten dienen sowie eine gewisse Struktur und eine Steuerung der Fragen gewährleisten. In diesem Kontext sind auch die Prinzipien der Leitfadenerstellung zu nennen. Diese sind gegliedert in Offenheit, Prozesshaftigkeit und Kommunikation. Unter Offenheit ist das Erfassen subjektiver Auffassungen zu verstehen sowie eine relativ dynamische Handhabung der Fragen. Es kann also auch hinsichtlich der Reihenfolge der Fragen variiert werden. Mit Prozesshaftigkeit ist gemeint, dass diese subjektiven Auffassungen prozesshaft und nicht als statistische Daten umgewandelt bzw. aufgefasst werden. Unter dem Prinzip der Kommunikation ist ganz grundsätzlich das Gewinnen der Infos mittels Kommunikation zu verstehen.[6] Der vorliegende Interviewleitfaden bzw. der Hauptteil des Interviewleitfadens ist so konzipiert, dass sich die jeweiligen Fragen aus den Indikatoren ergeben, welche sich wiederum aus den Dimensionen ergeben. Sowohl die Dimensionen als auch die dazugehörigen Indikatoren wurden bereits von Braithware herausgearbeitet. Die Dimensionen gliedern die Termini der „Motivationalen Grundhaltung von Steuerzahlern" sozusagen in seine verschiedenen Bestandteile auf. Konkret formuliert besteht nach Braithware die motivationale Grundhaltung von Steuerzahlern aus den Dimensionen *Commitment, Capitulation, Resistance, Disengagement* und *Game Playing*. Hierbei ist unter Commitment die positive Einstellung gegenüber des Steuersystems und den damit einhergehenden Steuergesetzen gemeint. Commitment impliziert auch moralische Aspekte des Steuerzahlens. Es gilt zu erwähnen, dass vor allem in der psychologischen Forschung des Steuerverhaltens diesem Aspekt viel Beachtung geschenkt wird.[7] Unter Capitulation ist eine positive Einstellung gegenüber Steuerbehörden gemeint. Hierbei wird die Finanzbehörde als unterstützende Kraft angesehen. Mit Resistance hingegen ist eine negative Grundhaltung gegenüber den

---

[5] Vgl. Misoch (2015), S.72
[6] Vgl. Misoch (2015), S.66-72
[7] Vgl. Mühlbacher, Zieser (2018), S.70

Steuerbehörden gemeint. Die Finanzbehörde wird hierbei als argwöhnisch kontrollierenden Apparat wahrgenommen. Auch unter Disengagement ist eine negative Grundhaltung gegenüber der Steuerbehörde zu verstehen. Es bestehet hierbei keine Nähe und Kontakt zu den Steuerbehörden. Mit der fünften Dimension Game Playing ist die Absicht gemeint, die gesetzlichen Bestimmungen zu seinen Gunsten zu interpretieren. Dies kann sich beispielsweise in dem zunutze machen von rechtlichen Grauzonen äußern.[8] Es bestehen durchaus Zusammenhänge zwischen den verschiedenen Grundhaltungen bzw. Dimensionen. So ist anzunehmen, dass eine starke Ausprägung der Dimension Commitment meistens auch mit einer starken Ausprägung der Dimension Capitulation einhergeht. Auch eine starke Ausprägung der Dimension Resistance geht vermutlich mit einer starken Ausprägung der Dimension Disengagement einher. Im Rahmen des Interviews kann deswegen bei dem Befragten nochmals genau nachgehakt werden, sofern er sich grundsätzlich positiv gegenüber dem Steuersystem äußert, also die Dimension Commitment stark ausgeprägt ist, aber gleichzeitig die Dimension Capitulation gering ausgeprägt oder die Dimensionen Resitance und Disengagement stark ausgeprägt sind. Nachfragen in solchen Fällen sind unabdingbar, da Widersprüche und Ungereimtheiten vermieden werden soll. Die Nachfragen sollten hierbei allerdings nicht suggestiv oder zu misstrauisch gestellt werden. Falls der Befragte solche vermeintlichen Widersprüche und Ungereimtheiten (halbwegs) nachvollziehbar erklärt ist das so zur Kenntnis zu nehmen, auch wenn es nicht der gewünschten Erwartungshaltung entspricht. Es gilt zu erwähnen, dass sich vor der Kontaktaufnahme und der eigentlichen Befragung ein Pretest, etwa mit anderen Forschern oder Mitarbeitern, eignet. So können Fehler nochmals ausgebessert und der Leitfaden gegebenenfalls modelliert werden.

Zum Schluss der Befragung wird sich nochmals bei dem Befragten bedankt. Obwohl hierbei für die eigentliche Untersuchung keine Relevanz besteht ist dies als höfliche Umgangsform mit dem bzw. gegenüber dem Befragten zu betrachten. Außerdem kann so bei dem Befragten der Eindruck entstehen, dass er einen sinnvollen Beitrag für die Forschung geleistet hat und die Wahrscheinlichkeit erhöhen, zukünftig bei ähnlichen Interviews teilzunehmen.

---

[8] Vgl. Mühlbacher, Zieser (2018), S.18-19

1.2 Begründung der Leitfragen

Vorab gilt zu vermerken, dass sich der Interviewleitfaden inklusive der Leitfragen zu dem Konstrukt „Motivationale Grundhaltung von Steuerzahlern" im Anhang befindet. Die herausgearbeiteten Dimensionen wurden bereits im vorherigen Kapitel erklärt. Daher beschränkt sich dieser Teil der Aufgabe lediglich auf den zu den Dimensionen zugehörigen Indikatoren und deren jeweiligen Fragen. Zur Veranschaulichung der Indikatoren sowie zur besseren Erklärung der dazugehörigen Leitfragen folgt zunächst nun eine Tabelle.

Dimensionen	Indikatoren
1. Commitment	1. Es gehört sich Steuern zu zahlen 2. Steuern zu zahlen ist eine allgemeine Verantwortung der Bürger 3. Individuelle Verantwortung, Steuern zu bezahlen 4. Moralische Verpflichtung zum Steuerzahlen 5. Steuern nützen allen in einer Gesellschaft 6. Steuern helfen der Regierung, sinnvolle Dinge zu tun
2. Capitulation	1. Steuersystem erfüllt einen guten Zweck 2. Kooperation mit den Steuer- und Finanzbehörden 3. Unterstützung durch die Steuerbehörden
3. Resistance	1. Harter, unfairer Umgang mit den Steuerzahlern 2. Man muss sich gegen die Steuerbehörde zur Wehr setzen 3. Steuerbehörde hat eine negative Meinung vom Steuerzahler 4. Keine Unterstützung durch die Steuerbehörden 5. Steuerbehörden lassen sich nicht zufriedenstellen
4. Disengagement	1. Desinteresse/ Ignorieren gegenüber Maßnahmen 2. Steuerverweigerung 3. Keine Kommunikation mit der Steuerbehörde 4. Keine Kooperation mit der Steuerbehörde
5. Game Playing	1. Gespräche mit Freunden/ Bekannten über Schlupflöcher im Steuersystem 2. Erkunden Lücken und Grauzonen des Steuerrechts 3. Individuelle Auswirkungen von gesetzlichen Änderungen im Sinne der Reduzierung der eigenen Steuerlast 4. Vergnügen, eigene Steuerlast zu minimieren

Abb.1: Dimensionen und Indikatoren zur motivationalen Grundhaltung von Steuerzahlern

Quelle: Eigene Darstellung in Anlehnung an Mühlbacher, Zieser (2018), S.18-19

Es gilt anzumerken, dass die Reihenfolge der Leitfragen im Interviewleitfaden der Reihenfolge der in der Tabelle dargestellten Indikatoren entspricht.

Die erste Frage ist relativ offen gestellt. So hat der befragte zunächst die Möglichkeit, seine grundsätzliche Sicht über das Steuerzahlen an sich zu äußern und dadurch in einen Redefluss zu kommen und entsprechende Sprechsicherheit zu gewinnen. Die zweite Frage richtet sich konkret nach der Verantwortung des Steuerzahlens. Hierbei wird deswegen nochmals eine Nachfrage gestellt, um die Antwort zu präzisieren und auch den dritten Indikator dieser Dimension direkt in diese Antwort miteinzubeziehen. Die dritte Frage versucht die moralischen Standpunkte des Befragten hinsichtlich des Steuerzahlens zu erkunden. Die vierte und fünfte Frage decken die restlichen relevanten Indikatoren dieser Dimension ab und beziehen sich generell beide auf den Nutzen des Steuerzahlens. Hierbei bezieht sich allerdings die vierte Frage auf den Nutzen von Teilen innerhalb der Gesellschaft, während sich die fünfte Frage auf den Nutzen der Regierung bezieht.

Die erste Frage der zweiten Dimension ist wieder relativ offen gestellt. Durch die Frage nach dem grundsätzlichen Empfinden hinsichtlich des Steuersystems kann erkundet werden, ob die befragte Person dieses als sinnvoll erachtet und ein tatsächlichen Zweck darin sieht. Mithilfe der zweiten Frage, welche in Anbetracht der zugehörigen Indikatoren eher indirekt gestellt ist, kann primär herausgefunden werden, wie die Einstellung bezüglich der Kooperation mit den Steuer- und Finanzbehörden ist aber auch, welche Sicht über die mögliche Unterstützung mit den Steuerbehörden besteht. Durch die Nachfrage(-n) kann die Einstellung noch deutlicher gemacht werden. Die letzte Frage ist als prüfende Frage zu betrachten, da sie die Einstellung über die bereits abgefragten Indikatoren, wie die Unterstützung und auch die Kooperation durch bzw. mit Steuerbehörden, überprüft.

Die erste Frage der dritten Dimension soll Erkenntnisse über den wahrgenommenen Umgang mit Steuerbehörden liefern. Auch wenn der dazugehörige Indikator eher negativ konnotiert ist wurde die Frage neutral gestellt, um die Antwort nicht zu beeinflussen. Die zweite Frage ist ebenfalls neutral und zugleich auch eher indirekt gestellt. Dadurch, dass gefragt wird, wie man mit Meinungsverschiedenheiten mit der Steuerbehörde umgeht sowie den dazugehörigen Nachfragen, können Erkenntnisse über den zweiten Indikator dieser Dimension gewonnen werden. Die dritte Frage ist sehr konkret, jedoch nicht geschlossen, gestellt und liefert demensprechend wahrscheinlich auch relativ konkrete Antworten. Auch die vierte Frage ist recht konkret gestellt und geht mit dem zweiten Indikator der vorherigen Dimension einher. Falls hier ein Widerspruch der Antworten besteht muss genau nachgefragt werden. Da die letzte Frage dieser Dimension auch gleich das Ausmaß des dazugehörigen Indikatoren impliziert, kann so ein präziserer Eindruck diesbezüglich gewonnen werden.

Die erste Frage der vierten Dimension fragt konkret nach dem Interesse gegenüber den Maßnahmen der Steuerbehörde. Durch die dazugehörige Nachfrage kann dahingehend Erkenntnis gewonnen werden, ob eine völlige Resignation diesbezüglich besteht oder ob sich das Desinteresse nur auf einzelne Aspekte bezieht. Die zweite Frage ist ebenfalls sehr konkret und zugleich auch eine geschlossene Frage. Erst durch die offen gestellte Nachfragen werden die Informationen diesbezüglich größer. Durch die letzte Frage werden auf indirekte Art und Weise Erkenntnisse im Bezug auf den dritten und vierten Indikator dieser Dimension gewonnen. Mittels der konkreten Nachfrage werden nochmals konkrete Informationen hinsichtlich dieser Indikatoren gewonnen.

Die Antwort der ersten Frage der letzten Dimension gibt nicht nur Auskunft über das Ob, sondern zugleich auch über das Ausmaß dieses Indikators. Die Antwort der zweiten Frage ist als Basis der darauffolgenden Nachfragen und den dazugehörigen Indikatoren zu betrachten. Dies liegt der Vermutung zugrunde, dass sofern ein Befragter noch nie Grauzonen und Lücken des Steuersystems erkundet hat, er sich dann weder solche Grauzonen zunutze macht oder gar Freude daran empfinden kann.

Wie bereits erwähnt wird durch die Beantwortung der Leitfragen ein Gesamtüberblick des befragten Individuums hinsichtlich der motivationalen Grundhaltung des Steuerzahlens gewonnen. Die gestellten Fragen sind hierbei bewusst relativ einfach gehalten, sodass alle Personen die Fragen verstehen und folglich auch beantworten können. Falls trotzdem Verständnisprobleme, etwa hinsichtlich Begriffen oder der Fragestellung an sich bestehen, gilt es diese Verständnisprobleme umgänglich zu klären. Dies ist auch als Notwendigkeit zu betrachten, um die Antworten und Ergebnisse nicht zu verzerren. Es gilt außerdem zu beachten, dass dem Befragten auch genügend Zeit zum Überlegen gegeben werden muss und dass er beim Antworten nicht unterbrochen werden sollte. Die Antworten sollten während der Befragung auf keinen Fall (moralisch) beurteilt werden.[9]

---

[9] Vgl. Reinhardt et. Al (2020), S.31-32

2. Aufgabe B2- Transkription

2.1 Begriffserklärung und Hintergründe der Transkription

Zunächst lässt sich feststellen, dass mehrere Definitionen hinsichtlich des Begriffes Transkription existieren, welche sich vor allem in ihrer Präzision unterscheiden. Ganz allgemein lässt sich jedoch festhalten, dass unter Transkription eine Verschriftlichung menschlicher Kommunikation zu verstehen ist.[10] Diese Kommunikation kann im Rahmen eines qualitativen Interviews oder ähnlichen Formen der Datenerhebung stattfinden, wobei der Schwerpunkt in Anbetracht der vorliegenden Aufgabe auf dem qualitativen Interview liegt. Die Kommunikation innerhalb eines Interviews impliziert hierbei nicht nur verbale Äußerungen, sondern auch non- verbale Signale, welche beispielsweise durch Gestik, Mimik oder Körperhaltung vermittelt werden. Aber auch hörbare Handlungen, die nicht der verbalen Ebene zuzuordnen sind, wie z.B. ein Klatschen oder Husten lassen sich in diesem Zusammenhang der Kommunikation zuordnen. Es lässt außerdem anmerken, dass ein wissenschaftliches Transkript nicht mit anderen Formen von Transkripten, wie journalistischen Transkripten oder zusammenfassenden Transkripten gleichzusetzen ist, da wissenschaftliche Transkripte die verbalen Inhalte der Kommunikation Wort für Wort wider geben und somit wesentlich detailreicher als andere Formen der Transkription sind.[11] Allerdings ist der Detailgrad und die Tiefe von wissenschaftlichen Transkripten gerade hinsichtlich nonverbaler Signale und hörbaren Handlungen auch abhängig von der Forschungsfrage und dem Untersuchungsgegenstand. In diesem Zusammenhang lässt sich auch erwähnen, dass wissenschaftliche Transkriptionen trotz aller Bemühungen und genauester Dokumentation eines Interviews immer mit einer, wenn auch nur geringer, Reduktion der Inhalte einhergehen.[12]

Die Transkription eines qualitativen Interviews erfolgt meistens mithilfe einer Audio- oder Videoaufzeichnung. Dies bringt im Vergleich zur Transkription von bloßen Gedächtnisprotokollen den Vorteil der Genauigkeit mit sich, da so keine für die Forschung relevanten Inhalte eines Interviews vergessen oder verzerrt werden können. Die darauffolgende Auswertung der Inhalte ist also mithilfe einer Audio- Aufzeichnung noch realitätsnäher und objektiver. Außerdem kann sich der Interviewer

---

[10] Vgl. Ornau (2014), S.62
[11] Vgl. Fuß, Karbach (2019), S.17-19
[12] Vgl. Mey (2020), S.837

ausschließlich auf das Interview konzentrieren, da er keine oder nur wenige Mitschriften machen muss. Allerdings kann bei den Befragten ein unangenehmes Gefühl entstehen, sofern sie wissen, dass sie aufgezeichnet werden, was im schlechtesten Falle auch zu einer Verzerrung führen kann.[13] Oftmals werden Audio-Aufnahmen auf den Computer transferiert und dort mit einem geeigneten Programm, wie z.B. *Express Scribe* oder *InqScribe,* transkribiert. Ferner können dann die transkribierten Inhalte mittels einer QDA- Software, wie z.B. *MAXQDA* analysiert werden.[14] Vor allem bei der Auswertung mehrerer Interviews lohnt sich eine solche Software.

Die Transkription ist als fundamentale Ausgangsbasis der wissenschaftlichen Inhaltsanalyse eines Interviews zu betrachten. Deswegen wird für das Transkribieren der Inhalte eines qualitativen Interviews auch das fünf- bis zehnfache an Zeit als das eigentliche Interview benötigt.[15] Den Forschern wird so die Möglichkeit eröffnet, eine Distanz zwischen des Erlebten und den tatsächlichen (verbalen) Äußerungen herzustellen und somit den Forschungsprozess objektiver zu gestalten. Außerdem können die Inhalte eines Interviews durch eine Transkription für andere Forscher zugänglich gemacht werden.[16] Es lässt sich in diesem Kontext auch erwähnen, dass vor allem im Bereich der Psychologie nicht nur verbale sondern auch non- verbale Signale sowie hörbare Handlungen innerhalb eines Interviews einen relevanten Stellenwert einnehmen können. Da durch eine Transkription auch solche Signale und Handlungen verschriftlicht werden können, kann ein sehr genaues Bild des jeweiligen Interviews mit all seinen Facetten gewonnen werden. Je nach Kontext der Forschung kann ein solch detailreiches Bild eines Interviews zu einer besseren Beantwortung der Forschungsfragen führen.

Aus historischer Sicht lässt sich feststellen, dass sich die Transkription als Arbeitstechnik im 20. Jahrhundert etablierte.[17] Allerdings wurden bereits in der Antike symbolische Modi zur Verarbeitung und längerfristigen Fixierung diverser mündlicher Reden und Gespräche aber auch Gerichtsverhandlungen auf verschiedensten Materialien entwickelt.[18] Es scheint, als ob es ein grundlegendes Bedürfnis des

---

[13] Vgl. Kuckartz (2014), S.134
[14] Vgl. Ornau (2014), S.62-67
[15] Vgl. Kuckartz (2009), S.40
[16] Vgl. Fuchs- Heinrichtz (2009), S.285
[17] Vgl. Dittmar (2004), S.13
[18] Vgl. Mey (2020), S.836

Menschen ist, bedeutende mündliche Mitteilungen dauerhaft zu fixieren und somit auch für andere Menschen und Nachfolgen zugänglich zu machen. Ferner lässt sich also vermuten, dass religiöse Schriften wie z.b. das alte Testament durch ein solches Bedürfnis entstanden sind.[19] Im Bereich der Psychologie transkribierte der Psychotherapeut Carl Rogers im Jahre 1942 erstmals die Gespräche seiner Patienten mithilfe von Tonbandaufzeichnungen und analysierte sie anschließend. Vor allem im Bereich der klinischen Psychologie nahmen daraufhin Transkriptionen einen immer größer werdenden Stellenwert ein. In den 1970er Jahren wurden erste Regeln zur Transkription aufgestellt. Noch heute werden Transkriptionssysteme und Transkriptionsprozesse von Forschern im psychologischen als auch im sozialwissenschaftlichen Bereich kontrovers diskutiert.[20]

2.2 Transkriptionsregeln

Vorab lässt sich anmerken, dass das Festlegen von Transkriptionsregeln bzw. eines Transkriptionssystems die notwendige Bedingung und Voraussetzung für das tatsächliche Transkribieren ist.[21] Hierbei unterscheiden sich Transkriptionssysteme dadurch, ob und inwieweit verschiedene Merkmale in der Transkription berücksichtigt werden. Sprachliche Tönungen und Betonungen, Lautstärke, Dehnungen, Sprechpausen, Dialektfärbungen, Überlappungen zwischen den Äußerungen verschiedener Sprecher, nicht vollständig ausgesprochene Wörter, unverständliche Äußerungen sowie nonverbale Signale aber auch äußere Merkmale und Rahmenbedingungen eines Interviews können solche Merkmale sein.[22] Transkriptionssysteme bzw. Transkriptionsregeln legen also in Anbetracht der Forschungsfrage und des Forschungskontextes fest, inwieweit die Inhalte eines Interviews reduziert werden sollen. Dieses Vorgehen lässt sich auch als theoriegeleiteten selektiven Prozess bezeichnen. Es gilt in diesem Kontext zu erwähnen, dass nur Elemente in die Transkription aufgenommen werden sollen, die für die Forschungsfrage relevant sind, da mit steigender Genauigkeit des Transkriptes die intra- und interpersonale Reliabilität umso problematischer wird.[23] Die jeweiligen Forscher müssen also eine so groß wie mögliche, aber gleichzeitig nicht eine zu große,

---

[19] Vgl. Dittmar (2004), S.13-14
[20] Vgl. Mey (2020), S. 836-837
[21] Vgl. Ornau (2014), S.61
[22] Vgl. Kuckartz (2009), S.41
[23] Vgl. Mey (2020), S.842-843

Reduktion der Inhalte innerhalb des Transkripts vornehmen, um die aus dem Forschungsprozess resultierenden Ergebnisse so überprüfbar und aussagekräftig wie möglich zu gestalten.

Kuckartz et. Al haben im Rahmen eines Evaluationsprojektes einfach erlernbare und komprimierte Transkriptionsregeln aufgestellt. Demnach sollen Inhalte wörtlich, also nicht lautsprachlich oder zusammenfassend transkribiert werden. Vorhandene Dialekte sollen hierbei allerdings nicht mit transkribiert werden. In diesem Zusammenhang besteht zudem die Regel, dass die Sprache des Befragten an das Schriftdeutsch angenähert werden soll. Des Weiteren stellten Kuckartz et. Al die Regeln auf, dass alle Angaben, die Rückschluss auf die befragte Person geben könnten, anonymisiert werden sollen. Deutliche und längere Pausen sollen im Transkript markiert werden. Auch stark betonte Begriffe sollen gekennzeichnet werden. Außerdem sollen zustimmende bzw. bestätigende Lautäußerungen seitens der Interviewer nicht mit transkribiert werden, sofern sie den Redefluss der befragten Person nicht unterbrechen. Eine weitere Regel nach Kuckartz et. Al besteht darin, dass Einwürfe der befragten Person in Klammern gesetzt werden sollen. Lautäußerungen der befragten Personen, die die Aussage unterstützen oder verdeutlichen werden in Klammern notiert. Das Gespräch an sich soll so transkribiert werden, dass Absätze der interviewenden Person durch ein „I" gekennzeichnet und Absätze der interviewten Person durch andere Kürzel, wie z.B. „B" gekennzeichnet werden. Außerdem sollen Sprecherwechsel durch Leerzeilen zwischen den Sprechern deutlich gemacht werden.[24]

Es gilt nochmals anzumerken, dass dies lediglich ein Beispiel für ein Transkriptionssystem ist. Demnach können bei anderen qualitativen Interviews auch andere Transkriptionsregeln festgelegt werden. Eine sehr große Unterscheidung zu den von Kuckartz et. Al dargestellten Transkriptionsregeln ist allerdings nicht zu erwarten.

---

[24] Vgl. Kuckartz (2009), S.44

3. Aufgabe B3- Qualitative Inhaltsanalyse

3.1 Begriffserklärung qualitative Inhaltsanalyse

Es lässt sich zunächst festhalten, dass in der Literatur mehrere Definitionen zur qualitativen Inhaltsanalyse bestehen. Nach Hussy, Schreier und Echterhoff kann die qualitative Inhaltsanalyse als systematisches, datenreduziertes Verfahren zur vergleichenden Analyse von bedeutungshaltigem Material betrachtet werden. Hierbei erfolgt die Analyse dadurch, indem Materialteile den Kategorien eines inhaltsanalytischen Kategoriensystems zugeordnet werden.[25] Mayring, ein Mitgebgründer der qualitativen Inhaltsanalyse, arbeitete verschiedene Merkmale diesbezüglich heraus. Demnach analysiert die qualitative Inhaltsanalyse Kommunikationen, welche sich in verbalen als auch non- verbalen Signalen äußert. Der Gegenstand der Analyse ist hierbei die fixierte Kommunikation, also die protokollierte bzw. schriftlich fixierte Form einer Kommunikation. Außerdem erfordert die qualitative Inhaltsanalyse eine systematische Vorgehensweise und soll nach expliziten Regeln ablaufen. Des Weiteren soll eine qualitative Inhaltsanalyse theoriegeleitet erfolgen. Das heißt, dass die Ergebnisse stets in Anbetracht des Theoriehintergrunds interpretiert werden sollen. Mayring vermerkte zudem, dass die qualitative Inhaltsanalyse eine schlussfolgernde Methode ist, welche das Ziel verfolgt, Rückschlüsse auf bestimmte Aspekte der Kommunikation zu ziehen.[26] Es ist zu beachten, dass die qualitative Inhaltsanalyse und die damit einhergehenden qualitativen Daten recht vielfältig sind. Es kann sich hierbei beispielsweise um Texte (z.B. Transkripte eines Interviews), Bilder, Filme, Audio- Aufzeichnungen oder kulturelle Aspekte handeln.[27] Außerdem ist in diesem Kontext nochmals anzumerken, dass die qualitative Sozialforschung und somit auch die qualitative Inhaltsanalyse nicht- standardisiert ist. Deswegen sollten die Rahmenbedingungen ausführlich erläutert werden, um so die intersubjektive Nachvollziehbarkeit des Vorgehens zu gewährleisten und völlige Willkür zu vermeiden. Die Interpretation der Daten zielt nicht immer, wie bei quantitativen Methoden, auf Generalisierung ab, sondern bezieht sich oftmals auch nur auf den Einzelfall, weswegen sie vor allem dann entsprechend in die

---

[25] Vgl. Hussy, Schreier, Echterhoff (2013), S.256
[26] Vgl. Mayring (2010), S.13
[27] Vgl. Kuckartz (2014), S.14

Tiefe geht.[28] Während die Inhaltsanalyse in den Sozialwissenschaften zu Beginn eher quantitativen Ursprungs war, wird sie mittlerweile meistens als qualitative Methode angewandt. Es existieren mehrere Formen bzw. Techniken der qualitativen Inhaltsanalyse, wie die induktive Kategorienbildung, die enge Kontextanalyse, die weite Kontextanalyse, die formale Strukturierung, die inhaltliche Strukturierung, die typisierende Strukturierung, die typisierende Strukturierung als auch die skalierende Strukturierung.[29] Im weiteren Verlauf dieser Teilaufgabe wird auf zwei Formen näher eingegangen.

3.2 Einsatzmöglichkeiten qualitative Inhaltsanalyse

Die qualitative Inhaltsanalyse hat mehrere Einsatzmöglichkeiten. Da die Darstellung aller Einsatzgebiete in Anbetracht der limitierten Seitenvorgabe den Rahmen dieser Einsendeaufgabe sprengen würde, werden im Folgenden lediglich zwei Einsatzmöglichkeiten vorgestellt.

Vor allem im Bereich der Markt- und Werbepsychologie kommt die qualitative Inhaltsanalyse oft zum Einsatz. Hierbei werden beispielsweise Werbebotschaften, welche als Text, Bild oder Video vorliegen, analysiert. Es können dabei verschiedene Aspekte der jeweiligen Werbebotschaften sozusagen anvisiert werden. Es gilt an dieser Stelle anzumerken, dass in der Markt- und Werbepsychologie oftmals auch das Medium, in dem eine Werbebotschaft vermittelt wird als auch die Zielgruppe an sich erforscht wird. Die qualitative Inhaltsanalyse beschränkt sich jedoch bei der Analyse nur auf die Werbebotschaften an sich.[30]

Auch in der Sozialarbeitsforschung nimmt die qualitative Inhaltsanalyse einen relevanten Stellenwert ein. Hierbei wird das subjektive Erleben eines Individuums erforscht, um so den Zugang zu latenten Sinnstrukturen und der subjektiven Realität, oftmals auch in Anbetracht des Umfeldes, zu explorieren. In diesem Kontext gilt es zu erwähnen, dass die Sozialarbeitsforschung durchaus auch Gesundheitsforschung implizieren kann. Die Sozialarbeitsforschung griff in der Vergangenheit des Öfteren Themen wie die Bewältigung von Krankheiten oder Bewältigungsversuche von

---

[28] Vgl. Oswald (2010), S.75
[29] Vgl. Ornau (2014), S.9-33
[30] Vgl. Ornau (2014), S.10-11

„Straßenjugendlichen" sowie die psychosoziale Auswirkungen von Schichtarbeit auf und erforschte diese mittels der qualitativen Inhaltsanalyse.[31]

3.3 Ablauf der inhaltlich strukturierenden Inhaltsanalyse

Die inhaltlich strukturierende Inhaltsanalyse beginnt zunächst mit der initiierenden Textarbeit, dem Markieren wichtiger Textstellen, dem Schreiben von Memos und der ersten Fallzusammenfassung. Es wird also der Text sorgfältig gelesen und relevante Textstellen markiert. Auffällige Besonderheiten werden mit Notizen, also Memos, versehen. Zuletzt wird eine kurze Fallzusammenfassung geschrieben.

In der zweiten Phase werden thematische Hauptkategorien entwickelt. Die Hauptthemen bzw. Kategorien sollten sich an der Forschungsfrage orientieren. Um die Wahl der Kategorien auf ihre Anwendbarkeit zu prüfen empfiehlt sich eine erste „Probeanalyse". Hierbei genügt eine Betrachtung von 10-25% des gesamten Textmaterials.

In Rahmen der dritten Phase findet ein erster Codierprozess mittels des gesamten Materials statt. Der vorliegende Text wird hierbei von Beginn bis Ende durchgegangen und einzelne Textabschnitte den zuvor festgelegten Kategorien zugeordnet. Ein für die jeweilige Forschungsfrage irrelevanter Textabschnitt wird nicht codiert. Es gilt zu erwähnen, dass ein Textabschnitt auch mehreren Kategorien zugeordnet werden kann.

In der vierten Phase erfolgt eine Zusammenstellung aller mit der gleichen Hauptkategorie codierten Textstelle.

Infolgedessen findet dann in der fünften Phase eine Ausdifferenzierung und eine damit einhergehende Bildung von Subkategorien der relativ groben Hauptkategorien statt. Die Subkategorien werden hierbei ausschließlich am Material gebildet, weswegen diese Vorgehensweise als induktiv bezeichnet wird.

In Phase 6 der inhaltlich strukturierenden Inhaltsanalyse erfolgt ein zweiter Codierprozess. Dabei wird das komplette Material anhand den zuvor ausdifferenzierten Kategorien bzw. Subkategorien codiert.

---

[31] Vgl. Miethe (2010), S.300-301

Bevor in der siebten Phase eine Auswertung stattfindet sollte zuvor eine thematische Fallzusammenfassung erstellt werden. Hierbei empfiehlt es sich, eine Themenmatrix zu verwenden. Wie bereits angedeutet findet in Phase 7 dann die Auswertung und Ergebnisdarstellung statt. Für die Auswertung existieren mehrere Formen bzw. Techniken. Die Auswertung kann demnach kategorienbasiert entlang der Hauptthemen oder mittels graphischen Darstellungen, Fallübersichten oder Kreuztabellen erfolgen. Auch eine Analyse der Zusammenhänge zwischen Kategorien oder zwischen den Subkategorien ist möglich. Die vertiefende Einzelfallinterpretation stellt ebenfalls eine Möglichkeit dar, um das Material auszuwerten.[32]

3.4 Die evaluative qualitative Inhaltsanalyse

In der ersten Phase der evaluativen qualitativen Inhaltsanalyse werden Bewertungskategorien festgelegt. Auch hier sollten sich die Kategorien an der Forschungsfrage orientieren.

In der zweiten Phase findet ein Identifizieren und Codieren der für die Bewertungskategorien relevanten Textstellen statt. Dazu muss das entsprechend das gesamte Textmaterial durchgearbeitet werden.

Im Rahmen der dritten Phase werden die Fundstellen für jede Bewertungskategorie fallbezogen zusammengestellt. Es findet also bereits eine kategorienbasierte Zusammenfassung statt.

Die vierte Phase besteht darin, Ausprägungen der Bewertungskategorie zu formulieren und Fundstellen probeweise zuzuordnen und ggfls. Veränderungen hinsichtlich der Definition und der Zahl der Ausprägungen vorzunehmen. Hierbei sollte die Ausprägung als gering, hoch oder als nicht zu klassifizieren eingestuft werden.

In der fünften Phase wird das gesamte Material bewertet und codiert bevor anschließend in der sechsten Phase eine kategorienbasierte Auswertung stattfindet. Auch hier existieren mehrere Auswertungsformen mit verschiedenen Präzisionsgraden und Zielen. So kann zunächst die deskriptive Auswertung einzelner Kategorien und die verbal- interpretative Auswertung einzelner Kategorien erfolgen bevor quantifizierende Übersichten und vertiefende Fallinterpretationen stattfinden. Kreuztabellen mit anderen evaluativen Kategorien, Kreuztabellen der

---

[32] Vgl. Ornau (2014), S.36-46

Zusammenhänge mit soziodemographischen Merkmalen, Zusammenhänge mit thematischen Kategorien, tabellarische Übersichten als auch vertiefende Einzelfallinterpretationen sind mögliche Auswertungsformen.[33]

3.5 Unterschiede der inhaltlich strukturierenden und evaluativen Inhaltsanalyse

Ein wesentlicher Unterschied zwischen der inhaltlich strukturierenden und der evaluativen Inhaltsanalyse besteht darin, dass die evaluative Inhaltsanalyse wesentlich interpretativer ausgelegt ist. Dies lässt sich vor allem daran festmachen, dass vor der eigentlichen und quantifizierten Auswertung eine deskriptive Auswertung einzelner Kategorien bzw. eine verbal- interpretative Auswertung einzelner Kategorien erfolgt. Da bei der evaluativen Inhaltsanalyse die Gesamtheit eines Falls bewertet wird lässt sich schlussfolgern, dass diese eher ganzheitlich orientiert ist. Außerdem lässt sich feststellen, dass die Klassifizierungen und Bewertungen höhere Anforderungen an den Codierenden stellen als dies bei der inhaltlich strukturierenden Inhaltsanalyse der Fall ist. Es lässt sich in diesem Kontext auch anmerken, dass die evaluative Inhaltsanalyse Ausprägungen der einzelnen Kategorien ermöglicht. Die Kategorien der inhaltlich strukturierende Inhaltsanalyse sind vergleichsweise kleinflächig angelegt, da hier detailliertere Kategorien bzw. Subkategorien festgelegt werden. [34]

Zum Ablauf an sich lässt sich feststellen, dass bei der inhaltlich strukturierenden Inhaltsanalyse zunächst das vorliegende Material ausführlich durchgearbeitet wird bevor Kategorien aufgestellt werden, während bei der evaluativen Inhaltsanalyse die Kategorien gleich zu Beginn festgelegt werden. In beiden Fällen orientiert sich die Kategorienbildung jedoch an der Forschungsfrage. In diesem Kontext lässt sich aus praxisbezogener Sicht festhalten, dass sich evaluative Inhaltsanalysen besonders dann eignen, wenn theorieorientiert gearbeitet werden soll. Da die Kategorien bei der evaluativen Inhaltsanalyse also früher festgelegt werden, findet auch ein früheres „erstes Codieren" und infolgedessen auch ein früheres „zweites Codieren" statt. Ferner lässt sich auch anmerken, dass die Modellierung bei der inhaltlich strukturierenden Inhaltsanalyse auf die Kategorien bzw. Subkategorien bezieht, während diese sich bei der evaluativen Inhaltsanalyse auf die Definition und Zahl der Ausprägungen bezieht.

---

[33] Vgl. Ornau (2014), S.49-58
[34] Vgl. Ornau (2014), S.59

Die folgende Tabelle veranschaulicht nochmals stichpunktartig die wesentlichen Unterschiede zwischen der inhaltlich strukturierenden und der evaluativen Inhaltsanalyse.

Inhaltlich strukturierende Inhaltsanalyse	Evaluative Inhaltsanalyse
- Detailliert, kleinflächig → Subkategorien	- ganzheitlich, großflächig → keine Subkategorien
- vergleichsweise geringe Anforderungen an Codierenden	- vergleichsweise hohe Anforderungen an Codierenden
- weniger interpretativ	- Stärker interpretativ
- keine Ausprägungen innerhalb einer Kategorie → inhaltliche Kategorien	- Ausprägungen innerhalb einer Kategorie → evaluative Kategorien
- Späteres Codieren	- Früheres Codieren
- Späteres Festlegen der Kategorien	- Früheres Festlegen der Kategorien

Abb.2: Unterschiede der inhaltlich strukturierenden und der evaluativen Inhaltsanalyse

Quelle: Eigene Darstellung

Anhang

- **Interviewleitfaden zu Aufgabe B1**
  - ➤ Einleitung/ Einführung
    - o Dankaussage
    - o Vorstellen des Interviewers & Aufklären über Hintergrund der Untersuchung → Motivationale Grundhaltung von Steuerzahlern
    - o Anfrage bezüglich Aufzeichnung des Interviews
    - o Sammeln biografische/ soziografische Daten (Kurzfragebogen)
      - ▪ Alter
      - ▪ Beruf
      - ▪ Einkommen (Nettoeinkommen pro Monat)
      - ▪ Familienstand
  - ➤ Hauptteil
- *Dimension 1:* **Commitment**
  - o Frage 1: Wie stehen sie dazu, Steuern zu zahlen?
  - o Frage 2: Wessen Verantwortung ist es, Steuern zu zahlen?
    - ▪ Nachfrage: Ist es für Sie eher eine allgemeine oder individuelle Frage der Verantwortung?
  - o Frage 3: Inwiefern sehen Sie sich moralisch dazu verpflichtet, Steuern zu zahlen?
  - o Frage 4: Welche Teile der Gesellschaft profitieren von Steuern?
  - o Frage 5: Inwiefern eröffnet das Geld, welches durch Steuern gewonnen wird, der Regierung Handlungsmöglichkeiten?
- *Dimension 2:* **Capitulation**
  - o Frage 1: Wie finden Sie es grundsätzlich, dass es ein Steuersystem gibt?
  - o Frage 2: Wen würden sie bei Fragen bezüglich Steuerunterlagen ansprechen?
    - ▪ Nachfrage: Bei der Steuerbehörde direkt oder eher bei Freunden und Bekannten?
      - • (Nachfrage: Warum eher bei Freunden und nicht bei der Steuerbehörde direkt?)
  - o Frage 3: Haben Sie grundsätzlich den Eindruck, dass die Steuerbehörde bei Anliegen zur Verfügung steht?

- *Dimension 3:* **Resistance**
  - o Frage 1: Wie würden Sie den Umgang der Steuerbehörde mit den Steuerzahlern einschätzen?
  - o Frage 2: Wie würden Sie bei Meinungsverschiedenheiten mit der Steuerbehörde umgehen?
    - ▪ Nachfrage: Würden Sie eher diplomatisch vorgehen oder sehen sie eine Notwendigkeit des Widerstandes bei Meinungsverschiedenheiten mit der Steuerbehörde?
  - o Frage 3: Was denken Sie, welche Meinung hat die Steuerbehörde von dem „normalen" Steuerzahler?
  - o Frage 4: Inwieweit fühlen Sie sich von der Steuerbehörde unterstützt?
  - o Frage 5: In welchem Maße lassen sich Steuerbehörden zufriedenstellen?
- *Dimension 4:* **Disengagement**
  - o Frage 1: Wie ist Ihre Interesse zu den Maßnahmen der Steuerbehörde?
    - ▪ Nachfrage: Stehen Sie allen oder nur bestimmten Maßnahmen desinteressiert gegenüber?
  - o Frage 2: Haben Sie schon mal darüber nachgedacht Steuern zu verweigern?
    - ▪ Nachfrage: Warum?
    - ▪ Nachfrage: Haben sie das bereits in die Tat umgesetzt?
  - o Frage 3: Wie bürgernah erscheint Ihnen die Steuerbehörde?
    - ▪ Nachfrage: Inwieweit halten Sie eine Kommunikation und Kooperation mit der Steuerbehörde für möglich?
- *Dimension 5:* **Game Playing**
  - o Frage 1: Inwieweit führen Sie Gespräche, etwa mit Freunden und Bekannten, über Schlupflöcher im Steuersystem?
  - o Frage 2: Inwiefern erkunden Sie (selbstständig) Grauzonen und Lücken des Steuerrechts?
    - ▪ (Nachfrage: In welchem Maße machen Sie sich solche Grauzonen zu Nutze?)
    - ▪ (Nachfrage: Inwieweit bereitet es Ihnen Freude das Wissen über solche Grauzonen zu den eigenen Vorteilen zu nutzen?)
- ➤ Schluss
  - o Dankaussage

Literaturverzeichnis

Buber, R., Holzmüller, H. (2009). Qualitative Marktforschung. Wiesbaden: Gabler

Dittmar, N. (2004). Transkription- Ein Leitfaden mit Aufgaben für Studenten, Forscher und Laien. Wiesbaden: VS Verlag für Sozialwissenschaften

Fuchs- Heinritz, W. (2009). Biographische Forschung: Eine Einführung in Praxis und Methoden. Wiesbaden: Vs Verlag für Sozialwissenschaften

Fuß, S., Karbach, U. (2019). Grundlagen der Transkription: Eine praktische Einführung. Stuttgart: UTB Verlag

Hussy, W., Schreier, M., Echterhoff, G. (2013). Forschungsmethoden in Psychologie und Sozialwissenschaften für Bachelor. Heidelberg: Springer

Kuckartz, U. (2009). Einführung in die computergestützte Analyse qualitativer Daten. Wiesbaden: VS Verlag für Sozialwissenschaften

Kuckartz, U. (2014). Qualitative Inhaltsanalyse: Methoden, Praxis, Computerunterstützung. Weinheim: Beltz

Mayring, P. (2010). Qualitative Inhaltsanalyse: Grundlagen und Techniken. Weinheim: Beltz

Mey, G. (2020). Handbuch qualitative Forschung in der Psychologie. Heidelberg: Springer

Miethe, I. (2010). Handbuch qualitative Methoden in der sozialen Arbeit. Leverkusen: Barbara Budrich

Misoch, S. (2015). Qualitative Interviews. Berlin: De Gruyter

Mühlbacher, S., Zieser, M. (2018). Die Psychologie des Steuerzahlens. Heidelberg: Springer

Ornau, F. (2014). Studienbrief Inhaltsanalyse. Riedlingen: SRH Fernhochschule

Oswald, H. (2010). Was heißt qualitativ forschen? Warnungen, Fehlerquellen, Möglichkeiten. In: Friebertshäuser, B., Langer, A., Prengel, A. Handbuch qualitative Forschungsmethoden in der Erziehungswissenschaft. Weinheim: Beltz

Reinhardt, R., Ornau, F., Tennert, F. (2020). Studienbrief Interviewtechnik. Riedlingen: SRH Fernhochschule